SPITZKOPFNATTERN
DIE GATTUNG *GONYOSOMA*

Andreas Gumprecht

Kopfporträt eines adulten Weibchens der braunen Farbform von *Gonyosoma oxycephala* aus Java, Indonesien

Inhalt

Bildnachweis
Titelbild: *Gonyosoma jansenii*
Kleines Bild: *Gonyosoma oxycephala*
Alle Fotos von A. Gumprecht

ISBN 3-937285-07-5

 Natur und Tier - Verlag GmbH
An der Kleimannbrücke 39/41
48157 Münster
www.ms-verlag.de

Geschäftsführung: Matthias Schmidt
Lektorat: Kriton Kunz & Heiko Werning
Layout: Angela Neuhäuser
Druck: Druckhaus Fromm, Osnabrück

Vorwort

DA Sie dieses Buch aus der Reihe „Art für Art" nun in Ihren Händen halten, heiße ich Sie zunächst einmal herzlich willkommen. Ich kann Sie nur beglückwünschen, denn Sie haben sich für ein äußerst befriedigendes und schönes Hobby entschieden und zeigen Interesse für eine der spannendsten Gattungen aus dem Kletternattern-Komplex. Ich selbst befasse mich seit nunmehr 25 Jahren mit der Terraristik und möchte mit diesem Ratgeber meine Erfahrungen bei der Haltung von Spitzkopfnattern an all diejenigen weitergeben, die künftig Arten aus der Gattung *Gonyosoma* pflegen wollen.

Es ist noch gar nicht so lange her, dass all jene, die als Terrarianer das etablierte Heimtierschema „Hund-Katze-Vogel-Goldfisch" verließen, als sonderbares Völkchen galten und nicht selten mit ihrem „exotischen" Hobby in der breiten Bevölkerung auf Ablehnung stießen. In den letzten Jahren hat sich diese Situation jedoch grundlegend geändert. Die Terraristik erfuhr nämlich sowohl auf nationaler als auch auf internationaler Ebene einen ungeahnten Aufschwung, den selbst optimistische Kenner der Szene in einem derartigen Ausmaß nicht für möglich gehalten hätten. Für diese Entwicklung mag es viele Ursachen geben, und es ist sicherlich an dieser Stelle entbehrlich, über die Beweggründe all derer zu spekulieren, die sich als Neulinge der boomenden Terraristik anschließen. Dem Wunsch dieser Menschen, Tiere zu pflegen, muss aber, vor allem im Interesse der jeweiligen Pfleglinge, zumindest so weit Rechnung getragen werden, dass die Erfahrungen einzelner Spezialisten aus dem Bereich der Terraristik veröffentlicht und somit jedermann zugänglich gemacht werden. Nur wenn möglichst viele kenntnisreiche Terrarianer bereit sind, ihr Wissen einer breiten Leserschaft weiterzugeben, und weniger erfahrene Terrarianer die Bereitschaft mitbringen, zuzuhören und aus den Erfahrungen „Alter Hasen" zu lernen, ist gewährleistet, dass unzählige Terrarientiere nicht zu bloßen Versuchstieren in Sachen Tierhaltung verkommen.

Nicht selten wirken sich nämlich schon eigentlich weniger dramatische Haltungsfehler negativ auf das allgemeine Wohlbefinden unserer Terrarientiere aus. So kann z. B. das Fortpflanzungsverhalten derart gestört werden, dass Nachzuchten dauerhaft ausbleiben. Schlimmstenfalls beeinflussen scheinbar kleinere Haltungsfehler derart fatal die Gesundheit von Terrarientieren, dass sie langfristig zum Tod der Pfleglinge führen.

Die Aufbruchstimmung in der Terraristik und die andauernde Euphorie in der Szene führten in der letzten Zeit insbesondere auf den Gebieten der Zubehörindustrie und des Buchmarktes zu einer wahren Flut von Produkt- und Buchneuerscheinungen. Nicht immer allerdings ist alles, was Hobby-Neueinsteigern geraten, empfohlen und wärmstens ans Herz oder neben das Terrarium gelegt wird, bei näherer Betrachtung tatsächlich auch alltagstauglich oder erforderlich. „Dschungeldeos" oder „Lederjacken im Biker-Look für den Leguan" sind mit Sicherheit Accessoires der eher fragwürdigen Art. Es bleibt also im Interesse der jeweiligen Tiere zu hoffen, dass neue Hobby-Halter nicht den Überblick im Wachstumsmarkt Terraristik verlieren und sich letztlich für all die Produkte und literarischen Ratgeber entscheiden, die tatsächlich im Sinne ihrer Tiere nützlich und sinnvoll sind.

Die beiden in diesem „Art für Art"-Buch besprochenen asiatischen Spitzkopfnattern *Gonyosoma jansenii* und *G. oxycephalum* sind zwei Vertreter aus der Familie der Nattern (Colubridae). Viele Natternarten gehören zu den beliebtesten Terrarientieren überhaupt, und mittlerweile werden zahlreiche Spezies aus dieser Familie regelmäßig nachgezüchtet, sodass erfreulicherweise auf den Erwerb von Wildfangtieren aus dem Handel fast völlig verzichtet werden kann. Dies trifft auch auf die hier vorgestellte Art *G. oxycephalum* zu, die sich aufgrund ihrer guten Haltbarkeit und dank kontinuierlicher Nachzuchterfolge mittlerweile als Terrarientier konstant etabliert hat. Die in Terrarianerkreisen immer noch eher unbekannte Art *G. jansenii* hingegen wird selten gehalten, und die Nachzucht glückte bislang nur vereinzelt. Insofern werden Terrarianer, die sich mit dem Gedanken tragen, *G. jansenii* zu pflegen, zwangsläufig wohl eher auf Wildfänge zurückgreifen müssen. Dennoch soll sie in diesem Buch ebenfalls abgehandelt werden, da sie einerseits immer mal wieder im Handel auftaucht und andererseits viele Spitzkopfnattern-Pfleger sicher den Wunsch entwickeln werden, irgendwann einmal beide Arten erfolgreich zu halten.

Ich hoffe, dass das vorliegende kleine Buch als Leitfaden all denen hilft, die die herrlichen Spitzkopfnatternarten bereits im Terrarium halten oder mit dem Gedanken spielen, dies zukünftig zu tun. Ich wünsche mir weiterhin, dass dieses Buch das notwendige Wissen für eine erfolgreiche Haltung und Nachzucht in anschaulicher Form vermittelt.

Ich möchte hier deutlich darauf hinweisen, dass zumindest Gonyosoma jansenii, aber im weiteren Sinne auch Gonyosoma oxycephalum nicht für Einsteiger in die Terraristik geeignet sind. Besser sollten Sie schon einige Erfahrung mit weniger schwierig zu pflegenden Schlangenarten gesammelt haben, ehe Sie sich an die Pflege von Spitzkopfnattern wagen.

Um insbesondere den Einsteiger in das Hobby der Terraristik nicht abzuschrecken, habe ich auf die Verwendung von Literaturzitaten im Text verzichtet. Die Literaturnachweise zu den verwendeten Aufsätzen und Büchern befinden sich aber am Ende des Buches im Kapitel „Weiterführende und verwendete Literatur".

Sowohl das Zitieren im Text als auch Literaturanhänge werden leider immer wieder von Terrarianern eher mit Missfallen betrachtet. Man hört, dass Ersteres den Textfluss störe und dass Literaturanhänge als überflüssiges Beiwerk angesehen werden. Literatur aber ist und bleibt unsere bedeutendste Wissensquelle, und Autoren geben fremde Quellen an, um kenntlich zu machen, dass das Geschriebene nicht ausschließlich auf eigenen Daten basiert. Besonders praktisch an dieser Arbeitsweise ist, dass sich jeder Leser durch die entsprechenden Zitate die jeweilige interessante Literatur zum Thema ganz bequem und relativ günstig in öffentlichen Bibliotheken als Fotokopie bestellen kann.

Weibchen von *Gonyosoma oxycephala* aus dem Khao Yai National Park, Provinz Nakhon Ratchasima, Zentral-Thailand

Taxonomie und Systematik

VIELEN Terrarianern fällt es schwer, sich an die Verwendung der wissenschaftlichen Artnamen zu gewöhnen. Stattdessen verwenden sie die jeweiligen Trivialnamen (= umgangssprachlicher Name in Landessprache ohne wissenschaftliche Bedeutung) und ignorieren weitestgehend alles, was mit wissenschaftlicher Systematik oder taxonomischen Fragen zu tun hat. Ohne in epischer Breite Fragen zu dieser Thematik anzusprechen, soll hier kurz und knapp verdeutlicht werden, dass es durchaus Sinn ergibt, sich frühzeitig mit der Verwendung wissenschaftlicher Artnamen anzufreunden. Überdies ist es durchaus hilfreich, zumindest eine vage Vorstellung von der gültigen Systematik all der Arten zu haben, denen das Hobby-Interesse gilt.

Wenn sich Menschen möglichst zweifelsfrei über ein Thema unterhalten wollen, ist es notwendig, dass sie die gleiche Sprache sprechen, um einander zu verstehen. Wer sich also über Schlangen unterhalten und Missverständnisse ausschließen will, sollte zwingend die international gültigen wissenschaftlichen Artnamen benutzen. Dass eine eindeutige Verständigung bei Verwendung von Trivialnamen nicht möglich ist, mag an folgendem Beispiel veranschaulicht werden: Viele Kletternattern (= deutscher Trivialname) der Gattung *Elaphe* (= wissenschaftlicher Name) haben in der englischen Sprache auch den Trivialnamen „Ratsnakes“. Wörtlich übersetzt bedeutet dies „Rattenschlangen“. Unter „Rattenschlangen“ werden aber im deutschen Sprachraum Arten verstanden, die unter dem wissenschaftlichen Namen *Ptyas* bekannt sind. Ein englischsprachiger Terrarianer versteht also unter einer „Rattenschlange“ durchaus etwas anderes als jemand, der aus dem deutschen Sprachraum kommt. Aber selbst im selben Sprachraum gibt es mitunter für eine bestimmte Art mehrere Trivialnamen. So wird z. B. die hier besprochene Art *G. oxycephalum* nicht nur als Spitzkopfnatter, sondern u. a. auch als Rotschwanznatter bezeichnet.

Die Systematik dient dazu, alle Lebewesen wie bei einer Inventur zu erfassen und sie nachfolgend zu ordnen und zu klassifizieren. Selbstverständlich ist auch die zoologische Systematik permanenten Änderungen aufgrund der Erweiterung des wissenschaftlichen Kenntnisstandes unterworfen. So nimmt es nicht wunder, dass einzelne Arten historisch betrachtet im Laufe der Jahre wiederholt anderen Ordnungsprinzipien unterworfen waren und somit z. B. in verschiedenen Gattungen gelistet wurden.

WAGLER stellte die Gattung *Gonyosoma* im Jahr 1822 auf. Für die nachfolgend vorgestellten Arten ist *Gonyosoma* auch der derzeit gültige wissenschaftliche Gattungsname. Die Gattung *Gonyosoma* wiederum besteht nach heutigem Wissen aus zwei Arten. Eine davon ist die als Jansens Kletternatter oder Sulawesi-Schwarzschwanznatter bezeichnete Spezies *Gonyosoma jansenii*, die 1858 von BLEEKER beschrieben wurde. Die andere ist die überwiegend als Spitzkopfnatter bezeichnete Art *G. oxycephalum*, ein Name, der auf der Beschreibung von BOIE aus dem Jahr 1827 datiert.

Männchen von *Gonyosoma jansenii* aus Sulawesi

Beide Arten wurden zeitweise auch in andere Gattungen eingeordnet, z. B. in die Gattung *Elaphe*. Moderne DNA-Analysemethoden und vergleichende Untersuchungen der Beschuppungsverhältnisse (Pholidose), der Hemipenisstrukturen (männliche Schlangen besitzen als Begattungsorgan zwei Hemipenes) und diverser osteologischer (Knochen-) Merkmale haben mittlerweile die Gültigkeit der Gattung *Gonyosoma* und die Einstellung der beiden Arten *G. jansenii* und *G. oxycephalum* bestätigt.

WUSSTEN SIE SCHON?

Derzeit befindet sich die Frage in Klärung, ob die Arten *Elaphe frenata* und *E. prasina* ebenfalls in die Gattung *Gonyosoma* einzuordnen sind.

Weibchen von *Gonyosoma jansenii* aus Sulawesi mit vertikal abgeflachtem Hals in Verteidigungshaltung Foto: A. Gumprecht

Männchen der grauen Farbform von *Gonyosoma oxycephala* aus Java, Indonesien

Weibchen der grauen Farbform von *Gonyosoma oxycephala* aus Java, Indonesien

Biologie

FÜR die Gewährleistung einer erfolgreichen Haltung und Nachzucht unter Terrarienbedingungen unabdingbar ist eine möglichst ausführliche und genaue Recherche zur Verbreitung, Ökologie und Lebensweise der betreffenden Arten in der Natur. Erfolgreichen Terrarianern gelingen immer wieder sensationelle Nachzuchterfolge. Zahlreiche Arten, die nach allgemeiner Ansicht als delikat oder heikel galten und deren Nachzucht selbst in professionellen zoologischen Einrichtungen nicht gelang, konnten von Spezialisten aus der Terrarianerszene erfolgreich vermehrt werden. Der Schlüssel zum Erfolg war meistens darin begründet, dass sie penibel

Lebensraum von *Gonyosoma oxycephala* im Khao Yai National Park, Provinz Nakhon Ratchasima, Zentral-Thailand

und akribisch darum bemüht waren, ein dementsprechend großes biologisches Hintergrundwissen zusammentragen, um zu verstehen, wie man den Ansprüchen der jeweiligen Pfleglinge gerecht werden kann. Die Präsentation von Daten oder Pflegeanleitungen in Form von „Kochrezepten" zur Terrarienhaltung reicht alleine nicht, um aus einem Halter einen erfolgreichen Terrarianer zu machen. Ohne ein notwendiges Mindestmaß an biologischen Hintergrundinformationen wird sich nämlich kein wirkliches Verständnis für die Bedürfnisse der einzelnen Arten im Terrarium aufbauen können. Deshalb sei auch in dieser Bearbeitung an anderer Stelle knapp der jeweilige Kenntnisstand über die natürlichen Lebensumstände der beiden Spitzkopfnatternarten aufgezeigt.

Haltungsvoraussetzungen und Erwerb

WER sich mit dem Gedanken trägt, die Spitzkopfnatternarten *G. jansenii* und/oder *G. oxycephalum* anzuschaffen, sollte sich intensiv Gedanken über seine geplanten Neuerwerbungen machen. Man muss sich nämlich vorab darüber im Klaren sein, dass jede Tierhaltung immer auch Einschränkungen für das weitere Leben des jeweiligen Tierhalters mit sich bringt. So manche herrliche Terrarienanlage strapaziert nicht nur den Geldbeutel ihres Besitzers, sondern schränkt auch dessen Bewegungsfreiheit deutlich ein. Damit ist nicht nur eine bloße räumliche Einschränkung des Wohnbereiches gemeint, sondern vor allem eine zeitliche Einschränkung durch die Erfordernisse für Pflege und Wartung der Anlage; insbesondere aber der zeitliche Aufwand für die Pflege des Tierbesatzes.

Sechs Becken für die Aufzucht semiadulter *Gonyosoma oxycephala* sowie hygienische Plastikcontainer für die Aufzucht von Jungschlangen

Darüber hinaus gilt es nicht nur, die Anschaffungskosten für die Tiere, für eine Terrarienanlage und für reichlich Zubehör einzukalkulieren, sondern sich auch die mitunter beträchtlichen Folgedauerkosten für Futter, Strom, Tierärzte, Medikamente u. Ä. vor Augen zu halten. Besonderen Stellenwert sollte auch die Frage nach einem Ersatzpfleger im Urlaubs- oder Krankheitsfall einnehmen. Ein abschließender kritischer Blick auf das individuelle weitere Umfeld, einschließlich Familie, Vermieter und Nachbarn, sollte im Entscheidungsfindungsprozess ebenfalls nicht ausgespart bleiben, will man unliebsamem und vermeidbarem Ärger für die Zukunft aus dem Weg gehen.

Eine deutliche Warnung sei hier an all diejenigen Glücksritter ausgesprochen, die sich einen lukrativen Nebenverdienst durch die Haltung von Schlangen und den vermeintlichen Selbstläufer von Verkaufserlösen aus den sich zukünftig einstellenden Nachzuchten versprechen. Ganz so einfach und vor allem ganz automatisch stellen sich Nachzuchten nämlich nicht ein! Überdies ist der zeitliche und finanzielle Aufwand in einem laufenden Pflegejahr hoch und in der Regel größer als die Erlöse, die sich mit ein paar Nachzuchten erzielen lassen. Auch in der Terraristik gilt – Nachzuchten hin oder her: Hobbys kosten!

Wer sich dennoch nicht von dem Gedanken der Haltung von Spitzkopfnattern abbringen lässt, dem sei ein abschließender Blick auf gesetzliche Vorschriften angeraten. Beide Arten der Gattung *Gonyosoma* unterliegen in Europa keinen gesetzlichen Einschränkungen hinsichtlich besonderer Artenschutzbestimmungen. Dennoch sei allen Tierhaltern dringend empfohlen, die Bestimmungen des Tierschutzgesetzes sowie Haltungsrichtlinien penibel einzuhalten.

Wie groß ein Terrarium sein sollte und wie es im Hinblick auf eine zu haltende Art beschaffen und eingerichtet sein muss, sind Fragen, die einen Terrarianer immer wieder aufs Neue beschäftigen. Der Gesetzgeber hat diese Fragen im hier angeführten Auszug aus dem Tierschutzgesetz nicht explizit beantwortet, sondern allgemein sowohl von „verhaltensgerechter Unterbringung“ als auch davon gesprochen, dass die Möglichkeit des Tieres zu artgerechter Bewegung nicht so eingeschränkt werden darf, „dass ihm Schmerzen oder vermeidbare Leiden oder Schäden zugefügt werden.“

1997 wurde im Auftrag des Bundesministeriums für Ernährung,

WUSSTEN SIE SCHON?

In § 2 des Tierschutzgesetzes (25.5.1998, BGBl. I S.1105) heißt es wörtlich:
„Wer ein Tier hält, betreut oder zu betreuen hat,
1. muss das Tier seiner Art und seinen Bedürfnissen entsprechend angemessen ernähren, pflegen und verhaltensgerecht unterbringen,
2. darf die Möglichkeit des Tieres zu artgemäßer Bewegung nicht so einschränken, dass ihm Schmerzen oder vermeidbare Leiden oder Schäden zugefügt werden,
3. muss über die für eine angemessene Ernährung, Pflege und verhaltensgerechte Unterbringung des Tieres erforderlichen Kenntnisse und Fähigkeiten verfügen.“

MINDESTANFORDERUNGEN AN DIE HALTUNG

Ein Terrarium für zwei Exemplare der Gattung *Gonyosoma* sollte gemäß den „Mindestanforderungen" eine Größe des 1,0- x 0,5- x 1,0-fachen (L x T x H) der Körperlänge der Schlangen haben. Für weitere Tiere sei das Volumen des Terrariums um 20 % zu erhöhen. Die Biotope der Gattung *Gonyosoma* werden weiterhin als tropische Regen-, Monsun- und Mangrovewälder, ihre Lebensweise als arboricol (= Bäume und Strauchwerk bewohnend) charakterisiert. Daraus folgt, dass der Terrarientyp für Arten der Gattung *Gonyosoma* ein bepflanztes Regenwaldterrarium sein soll.

Landwirtschaft und Forsten, Referat Tierschutz, ein Gutachten über die Mindestanforderungen an die Haltung von Reptilien herausgegeben, um den § 2 des Tierschutzgesetzes zu präzisieren. Dort heißt es zunächst, dass ein Anfänger vor dem Kauf seiner Tiere sachkundig sein sollte. In fast allen größeren Städten des Bundesgebietes gibt es Stadtgruppen der Deutschen Gesellschaft für Herpetologie und Terrarienkunde e.V. (DGHT). Regelmäßig werden dort die so genannten Sachkundeprüfungen abgenommen. In den Schulungen zur Sachkundeprüfung werden u. a. auch die relevanten Fragen zum Tierschutzgesetz und der Haltungsrichtlinien angesprochen und in verständlicher Weise erläutert. Die Sachkundeprüfung ist übrigens freiwillig und mit Sicherheit ein guter und empfehlenswerter Einstieg in das Hobby. Weiterhin heißt es im Gutachten über die Mindestanforderungen an die Haltung von Reptilien u. a. im allgemeinen Teil, dass alle Umweltfaktoren, wie z. B. Temperatur, Licht und Feuchtigkeit, den natürlichen Verhältnissen des Herkunftsbiotops weitestgehend entsprechen sollten. Überdies hat der Besitzer für eine der jeweiligen Art adäquate Ernährung und für die Möglichkeit einer artgemäßen Wasseraufnahme zu sorgen.

Der Kauf von *G. jansenii* und/oder *G. oxycephalum* kann sowohl bei privaten Züchtern als auch im Fachhandel erfolgen. Grundsätzlich gilt natürlich, dass Tierkauf Vertrauenssache ist. Enttäuscht werden kann man bei Käufen aus beiden Quellen gleichermaßen. Garantie- oder Ersatzansprüche sind schwerlich durchsetzbar, und wo kein freiwilliger Ersatz geleistet wird, sind Ärger, Verdruss und böse Worte vorprogrammiert.

Als Faustregel lässt sich feststellen, dass Nachzuchten in jedem Fall frisch importierten Wildfängen vorgezogen werden sollten. Nachzuchten, die aus einer guten Zucht stammen, sind nämlich in der Regel weitestgehend parasitenfrei und in einer gesundheitlich besseren Konstitution als Wildfänge. Auch sind sie von Anfang an an die Lebenssituation im Terrarium gewohnt. Lässt sich ein Kauf von Wildfängen nicht umgehen, muss klar sein, dass ein solcher Erwerb immer riskant ist. Die Erfahrung lehrt, dass Wildfänge, auch wenn sie frei von äußerlichen Parasiten sind, trotz augenscheinlich einwandfreier Konstitution und des Vorhandenseins natürlicher Bewegungs- und Abwehrreaktionen nach kurzer Zeit beim Käufer sterben können. Den meisten Wildfängen setzen Stress und Endoparasiten (Endoparasiten leben im Gegensatz zum Ektoparasit innerhalb ihres Wirtes, also in Organen, im Blut oder unter der Haut) derart pathogen (= krank machend) zu, dass selbst schnelle professionelle Hilfe durch einen Veterinär oftmals zu spät kommt.

DER PRAXISTIPP

Wer eine Spitzkopfnatter erwirbt, sollte immer Dreierlei zum Kauftermin mitbringen:
- einen Leinensack für die sichere Verpackung des Tieres
- ein thermostabiles Behältnis (Styroporbox) für den Transport
- je nach Jahreszeit gegebenenfalls einen Kühlakku zum Kühlen oder ein „Heatpack“ zum Warmhalten während des Transportes (Transporttemperaturen um 22 °C).

Thermostabile Behältnisse, Coolpack und Schlangensäcke

Jede Neuerwerbung sollte zwingend einer mehrmonatigen Quarantäne unterzogen werden. Als Quarantäneterrarium eignet sich ein sehr einfach und hygienisch eingerichteter Be-

Jungtiere von *Gonyosoma jansenii* aus Sulawesi im Aufzuchtbecken. Die Jugendfärbung ist der von *Gonyosoma oxycephala* ähnlich!

hälter, der jedoch hinsichtlich Temperatur, Beleuchtung, Versteckmöglichkeit und Wasserangebot allen Grundbedürfnissen der Schlange gerecht werden muss.

Das Terrarium

DER Standortwahl für ein Terrarium kommt eine nicht zu unterschätzende Bedeutung zu. Optimal ist ein separater Terrarienraum. Hier sind die Terrarientiere nämlich den wenigsten Störungen ausgesetzt, und das Temperaturmanagement lässt sich bequem über die Zimmertemperatur steuern. Ist ein separater Raum für eine Terrarienanlage nicht vorhanden, muss das Terrarium in den Wohnbereich integriert werden. Generell ist festzustellen, dass Terrarien so aufgestellt werden sollten, dass die Terrarientiere so wenig wie möglich gestört werden. Viele Schlangenarten reagieren auf Störungen sehr sensibel und können in einen Dauerstress geraten, der sich negativ auf die gesundheitliche Verfassung auswirkt oder das Ausbleiben von Nachzuchten zur Folge hat. Man halte sich immer vor Augen, dass oftmals das Erfolgsgeheimnis für spektakuläre Nachzuchterfolge vor allem darin begründet liegt, dass die Züchter ihren Tieren einfach deutlich mehr an Ruhe gönnen. Schlangen sind keine Streicheltiere und empfinden Berührungen eher als Belästigung.

Weibchen von *Gonyosoma jansenii* aus Salayar

Wie bereits festgestellt, sollte ein Terrarium für die Arten der Gattung *Gonyosoma* gemäß den Mindestanforderungen eine Größe des 1,0- x 0,5- x 1,0-fachen (L x T x H) der Körperlänge haben. Diese Maßangaben beziehen sich auf zwei adulte Exemplare. Es hat sich allerdings in der Praxis gezeigt, dass ein Terrarium für eine Gruppe adulter Spitzkopfnattern insbesondere in der Tiefe deutlich größer sein sollte. Beide Spitzkopfnatternarten sind nämlich vom Wesen her eher scheu. Die überwiegend bodenbewohnende Spezies *G. jansenii* braucht einen gewissen Rückzugsraum in die Tiefe. Ohne eine solche Rückzugsmöglichkeit werden insbesondere Wildfänge nicht zugänglich und legen ihr ungestümes Wesen nicht ab. Die Folge ist, dass sich die Tiere permanent bedroht fühlen. Selbst kleine Routinearbeiten im Terrarium belästigen solchermaßen gehaltene Tiere, und sie nehmen unverzüglich ihre Verteidigungsstellung ein. Jähe Attacken gegen die Scheiben des Terrariums und abgewetzte, blutig geschlagene Schnauzen sind das Resultat. Auch für das Wohlbefinden der überwiegend baumbewohnend lebenden Art *G. oxycephalum* ist ein „Mehr“ an räumlicher Tiefe deutlich zuträglich. Ich würde deshalb empfehlen, ein Terrarium mit der Größe des 1,0- x 1,0- x 1,0-fachen (L x T x H) der Körperlänge zu wählen.

WICHTIG!

Vor allem *G. jansenii* reagiert äußerst sensibel auf Störungen. Diese Art hat nichts in Schauterrarien und schon gar nichts in stark frequentierten Durchgangszimmern zu suchen.

Als Terrarium für Spitzkopfnattern eignen sich insbesondere Vollglasbecken oder Kunststoffcontainer mit Glasfronten. Allerdings können auch Holzkonstruktionen Verwendung finden (siehe hierzu das Buch von WERNING 2002). Besonders gut eignen sich für den Bau von Holzbecken mit hoher Feuchtigkeit so genannte Multiplex- oder Siebdruckplatten. Bei der Verwendung von Holz als Material für Spitzkopfnatter-Terrarien ist es unerlässlich, diese insbesondere in den Ecken penibel gegen Feuchtigkeit mit Silikon zu

TERRARIEN-GRÖSSE

Wenn man sich also vor Augen führt, dass Spitzkopfnattern Gesamtlängen von durchschnittlich bis zu 150 cm erreichen, bedeutet dies für eine Zuchtgruppe von einem Männchen und einem Weibchen (im „Fachjargon“ als 1,1 abgekürzt) erwachsener *G. jansenii* oder *G. oxycephalum* ein Terrarium mit den Maßen 1,5 x 1,5 x 1,5 m (Länge x Tiefe x Höhe).

Beispiel eines Terrariums mit Kunstpflanzen, Bambus, Rückwandgestaltung und Tontopfversteck

versiegeln. Ist dies nicht gewährleistet, sollte aufgrund der kurzen Sprühintervalle im Becken von unsachgemäß gearbeiteten Holzkonstruktionen Abstand genommen werden, da sonst die Gefahr besteht, dass die Terrarien kurz- bis mittelfristig verrotten. Überdies gebe ich hier auch zu bedenken, dass hochwertige langlebige Holzplatten, wie die oben erwähnten Multiplex- oder Siebdruckplatten, von den Anschaffungskosten her kaum billiger als Glas sind.

Als Bodengrund sollten solche Substrate verwendet werden, die in der Lage sind, Feuchtigkeit zu speichern. Empfehlenswert sind Torf oder Kokoshumus. Auf die Verwendung von Torf sollte aber letztlich aus Gründen des Landschafts- und Naturschutzes verzichtet werden. Den Bodengrund bringt man bis zu einer Höhe von ca. 10 cm ein.

DER PRAXISTIPP

Von den möglichen Alternativen zur Haltung von Spitzkopfnattern empfehle ich aus eigener Erfahrung Vollglasterrarien oder Kunststoffcontainer mit Glasfronten.

Das Terrarium sollte nach Möglichkeit nur von der Front her einzusehen sein. So bleibt den Nattern viel vermeidbarer Stress erspart. Die Verkleidung von Rück- und Seitenwänden ist nämlich weniger aus optischen Gründen als vielmehr als Sichtschutz geboten.

Die Gestaltung von Rück- und Seitenwänden an sich ist eher eine Sache des persönlichen Geschmacks. Es gibt mittlerweile im Handel sehr schöne naturähnliche „Fertiglösungen" in vielen Designs. Sehr edel wirken Nachbildungen von Felswänden oder Bambusreihen. Selbstverständlich besteht auch die Möglichkeit, Rück- und Seitenwände selbst zu gestalten (siehe hierzu das Buch von Wilms 2004). Es muss aber garantiert sein, dass die verwendeten Materialien und ihre Gestaltung im Terrarienalltag bestehen und sich insbesondere reinigen und desinfizieren lassen.

Die **Einrichtung** sollte aus einigen diagonal ins Terrarium gestellten und sicher verankerten Klettermöglichkeiten bestehen. Dazu eignen sich die im Handel erhältlichen Lianen bzw. Luftholzwurzeln, Rebstöcke oder Bambusleitern. Eine Alternative stellt unser heimischer Holunder dar. Holunderäste sehen sehr dekorativ und rustikal aus und haben überdies den Vorteil, dass sie leicht und trotzdem äußerst strapazierfähig sind.

Ausreichende Versteckmöglichkeiten erweisen sich nicht nur als sehr vorteilhaft, im Fall von *G. jansenii* oder der überwiegend Boden bewohnend lebenden Java-Form von *G. oxycephalum* sind sie sogar unerlässlich. *Gonyosoma jansenii* führt eine sehr versteckte Lebensweise, und manche Exemplare halten sich die meiste Zeit in ihrem Unterschlupf verborgen. Andere Individuen wiederum liegen ganztägig auf den Kletterästen, allerdings immer in unmittelbarer Nähe ihres Versteckes. Her-

DER PRAXISTIPP

Ich empfehle für die Haltung von *G. jansenii* die Verwendung eines Sichtschutzes für die Frontscheiben. Hierzu bringt man ein handelsübliches Drahtseilspannsystem für Vorhänge (z. B. von Einrichtungshäusern wie IKEA) an der Oberkante des Terrariums an. Als Sichtschutz wird ein grobmaschiges Kokosfasergitter eingesetzt. Derartige Gitter kann man in Baumärkten als Zubehör für den Teichbau kaufen. Da ein solcher Kokosfasergittervorhang, wie gesagt, grobmaschig ist, erlaubt er auf der einen Seite den Einblick in das Terrarium, auf der anderen Seite gibt er den Terrarientieren zusätzlich Sicherheit, da sie sich hinter ihm ähnlich wie bei einem natürlichen Dickicht oder Blätterdach geborgen fühlen.

vorragend als Versteckmöglichkeiten eignen sich Zierkorkröhren. Diese können sowohl auf den Boden gelegt als auch in die Rückwandgestaltung integriert werden. Große unglasierte Tontöpfe aus dem Blumenhandel werden ebenfalls gerne als Versteck angenommen. Tontöpfe wirken sich positiv auf das Luftfeuchtigkeitsmanagement im Terrarium aus. Sie haben die Eigenschaft, während des Sprühens Wasser zu speichern und anschließend wieder langsam an die Umgebung abzugeben.

Dem Thema **Bepflanzung** von Terrarien sind schon ganze Bücher gewidmet worden. Es ist sicherlich unstrittig, dass ein mit natürlichen Pflanzen eingerichtetes Terrarium eine Augenweide darstellt. Überdies wird im „Gutachten über die Mindestanforderung“ auch davon gesprochen, dass die Arten der Gattung *Gonyosoma* in einem gut bepflanzten Regenwaldterrarium zu hal-

Beispiel eines Terrariums mit natürlicher Bepflanzung und Rückwandgestaltung

ten sind. Somit ist an dieser Stelle zu thematisieren, ob eine natürliche Bepflanzung tatsächlich zweckmäßig oder notwenig ist.

Ab einer gewissen Größe der Terrarienpfleglinge stellt sich diese Frage eigentlich nicht mehr: Denn wenn jede Pflanze des Terrariums durch die bloße Körpermasse der Schlangen, durch das Temperament oder gewisse artspezifische Eigenheiten der Terrarientiere, wie z. B. durch Klettern oder Wühlen, nachhaltig geschädigt wird, dann sollte man auf ihre Verwendung verzichten. Darüber hinaus sollten alle Terrarientypen für den Tierpfleger zweckmäßigerweise auch übersichtlich gestaltet sein. Bei einem Terrarium mit dichtem natürlichen Bewuchs ist diese Voraussetzung nicht gegeben. Tierbesatz und Exkremente sind nicht mehr ohne Schwierigkeiten auffindbar. Man halte sich vor Augen, dass in einem Terrarium mit mehreren adulten Spitzkopfnattern nach den Fütterungen vergleichsweise viel Kot abgesetzt wird. Dieser sollte natürlich möglichst schnell entfernt werden. Wenn Exkremente aber aufgrund einer unübersichtlichen Terrariengestaltung übersehen werden, stellen sie im Zusammenspiel mit hoher Luftfeuchtigkeit und warmen Temperaturen einen idealen Nährboden für die Ausbreitung von Krankheitserregern dar.

Neben dem Pflegeaufwand für die Tiere darf der für Terrarienpflanzen nicht unterschätzt werden. Überdies können die meisten Topf- und Zierpflanzen in einem Spitzkopfnatternterrarium kaum zum Einsatz kommen, da die beiden Arten recht groß und schwer werden. Die Tiere nehmen auf die Bepflanzung keine Rücksicht, und selbst robuste Zierpflanzen können schon nach kurzer Zeit ziemlich geschunden aussehen.

Auch die Frage nach der Notwendigkeit einer natürlichen Bepflanzung ist mit einem eindeutigen „Nein“ zu beantworten. Nicht die natürliche Pflanze an sich stellt eine Notwendigkeit dar, sondern eher die Deckungsmöglichkeiten für die Schlangen. Ob diese aber durch natürliche Bepflanzung oder Kunstpflanzen geboten wird, ist den Terrarientieren gleichgültig. Letztendlich hat auch die Luftfeuchtigkeit im Terrarium nicht unbedingt nur mit der natürlichen Bepflanzung, sondern vielmehr mit den Sprühintervallen zu tun.

DER PRAXISTIPP

Statten Sie Ihre Spitzkopfnatternterrarien am besten mit Kunststoffpflanzen aus. Diese gibt es mittlerweile in hervorragender Qualität, echten Pflanzen nahezu perfekt nachempfunden. Gute Kunststoffpflanzen mögen in der Anschaffung zunächst teurer als natürliche Pflanzen sein, sie sind aber problemlos zu desinfizieren und selbstverständlich langlebiger.

In der Pflege ähneln sich die Ansprüche beider Spitzkopfnatter-Arten. Dies gilt insbesondere für die Haltungstemperatur und die Luftfeuchtigkeit. Die **Temperatur** im Terrarium sollte am Tag 25–30 °C betragen. In der Nacht werden diese Werte nur geringfügig herabgesetzt. Temperaturen um 30 °C oder darüber hinaus werden zwar von den Tieren toleriert, sollten aber höchstens als kurzfristige Spitzen auftreten, da sie zu einer erhöhten Aktivität und Nervosität führen. Bei einer durchschnittlichen Zimmertemperatur von 24 °C, wie sie in vielen Terrarienräumen herrscht, kann auf den Einsatz von Zusatzheizungen wie Heizkabel oder Heizmatten verzichtet werden. Überdies werden im Terrarium höhere Temperaturen besonders in unmittelbarer Nähe der Leuchtmittel durch die Vorschaltgeräte der Leuchtstoffröhren erreicht. Wichtig ist außerdem, dass elektrisches Zubehör nicht in das Innenleben eines Terrariums gehört. In der Vergangenheit haben defekte Heizkabel schon wiederholt zu verheerenden Terrarienbränden geführt.

Die **Luftfeuchtigkeit** sollte zwischen 70 und 90 % betragen. Erreicht werden solch hohe Werte, die für das Wohlbefinden der Spitzkopfnattern unerlässlich sind, durch ausgiebiges Sprühen mit einer handelsüblichen Blumenspritze alle 2–3 Tage. Alternativ kann sehr gut auch eine Beregnungsanlage, die im Fachhandel erhältlich ist, eingesetzt werden.

Feuchtraumleuchten

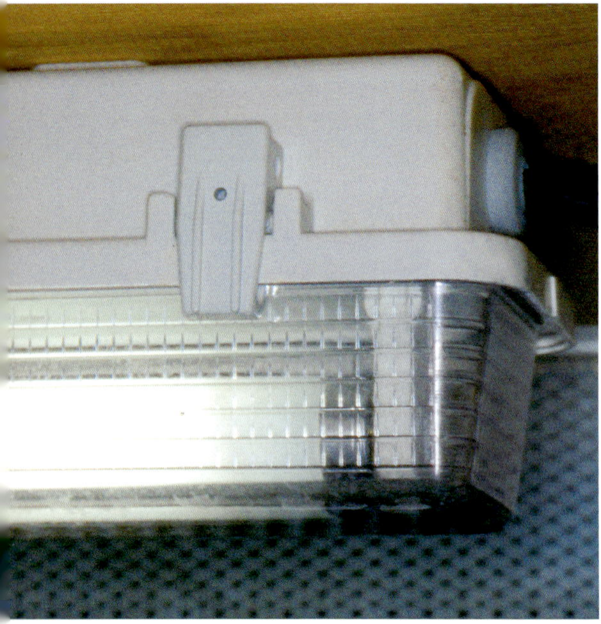

DER PRAXISTIPP

Zum Sprühen sollte man weder lauwarmes Wasser verwenden, noch die Tiere direkt ansprühen! Es zeigt sich im Selbstversuch, dass lauwarm versprühtes Wasser bei Hautkontakt empfindlich kühl empfunden wird und für Temperaturen um 15 °C sorgt. Heißes Wasser aus der Wasserleitung hat eine Temperatur von ca. 70 °C und behält beim Sprühen bis zum Hautkontakt angenehme 28-30 °C. Damit hat es in etwa die gleiche Temperatur wie das Terrarium und seine Bewohner. Direktes Ansprühen der Tiere ist zu vermeiden, da dies schnell zu Verdunstungskälte am Körper führt, die bei Tieren aus tropischen Breiten zu Erkältungen oder Lungenentzündungen führen kann. Spitzkopfnattern sollten möglichst indirekt mit Wasser besprüht werden, indem man z. B. den Sprühstrahl unter die Terrariendecke richtet und das Wasser von dort auf die Tiere tropfen lässt. Wassertropfen auf dem Körper werden meist sofort von Schlangen abgetrunken.

Auch wenn der Trinkwasserbedarf in der Regel durch das Sprühen gedeckt wird und die Tiere nur selten aus einer Wasserschale trinken, gehört diese dennoch zwingend zur Terrarieneinrichtung. Während heißer Tage im Sommer oder vor der Häutung kann es nämlich vorkommen, dass auch Spitzkopfnattern ausgiebig baden – der Wasserbehälter sollte also ausreichend dimensioniert sein.

Zu guter Letzt sei hier noch die **Terrarienbeleuchtung** angesprochen. Ich verwende für Terrarien von einem Meter Länge 18-W-Leuchtstoffröhren in gekapselten Gehäusen für Feuchträume. Die Lampen selbst sind im Terrarium angebracht. Die Beleuchtung ist etwa 10–12 Stunden täglich in Betrieb. Nach allgemeiner Ansicht ist für die Haltung und Vermehrung von Kletternattern, ganz im Gegensatz zur Pflege von Echsen oder Schildkröten, eine Versorgung der Tiere mit künstlichem ultravioletten (UV-) Licht nicht erforderlich. Es reicht also aus, Schlangenterrarien mit normalen handelsüblichen Weißlicht- oder Warmton-Leuchtstoffröhren zu beleuchten.

DER PRAXISTIPP

In meinen Terrarien setze ich überwiegend Leuchtmittel der Marke „Osram“ vom Typ „Fluora“ ein. Fluora-Leuchtmittel unterstützen aufgrund ihres Spektrums das Pflanzenwachstum unter Terrarienbedingungen und geben überdies ein bläuliches Licht ab, das sehr angenehm für das Auge ist und für Bewohner der schattigen Regenwälder eher angebracht erscheint als die grelleren Standardtypen wie Weißlicht-, Warmton- oder die speziellen Tageslicht-Leuchtstoffröhren.

Gonyosoma jansenii — Verbreitung und Ökologie

GONYOSOMA *jansenii* war lange nur von der indonesischen Insel Sulawesi (Celebes) bekannt. Vor wenigen Jahren kamen schließlich erstmals Tiere in den Handel, die nicht von Sulawesi selbst, sondern von der vorgelagerten Insel Salayar stammten. Diese Population ist insofern interessant, als alle bisher bekannt gewordenen Exemplare fast einfarbig schwarz sind. Die meisten Fundmeldungen aus Sulawesi stammen aus dem Norden und dem zentralen Teil der Insel.

Es liegen derzeit noch immer sehr wenige Informationen über die Ökologie von *G. jansenii* vor.

WUSSTEN SIE SCHON?

Fühlt sich *G. jansenii* bedroht, blähen die Tiere den gesamten Körper vertikal extrem auf und stoßen zuweilen kurze, fauchende Töne aus. In Erregung wird die Zunge, wie vorher schon von *G. oxycephalum* bekannt, in ganz typischer Art und Weise nahezu zeitlupenartig bewegt.

Anscheinend besiedelt die Art Regenwaldzonen im Berg- und Tiefland zwischen 100 und 1000 m ü. NN (= über dem Meeresspiegel).

Wie die graue Farbmorphe von *G. oxycephalum,* führt sie eine semi-terrestrische Lebensweise im tropischen Regenwald, das heißt, sie ist überwiegend am Boden, aber auch zeitweilig auf Sträuchern und Bäumen anzutreffen. Aber nicht nur in der Lebensweise, sondern auch in den Verhaltensweisen zeigen sich eindeutige Parallelen.

Über das Beutespektrum in der Natur ist wenig bekannt. In der Literatur finden sich aber Hinweise, dass Mäuse und Ratten, Hörnchen, Fledermäuse und Vögel gefressen werden.

Beschreibung

Gonyosoma jansenii gehört zu den Schlangenarten, die selbst den meisten Herpetologen (= Wissenschaftler, die sich mit Reptilien und Amphibien beschäftigen) bis vor wenigen Jahren weitgehend unbekannt waren. Es gab keine lebenden

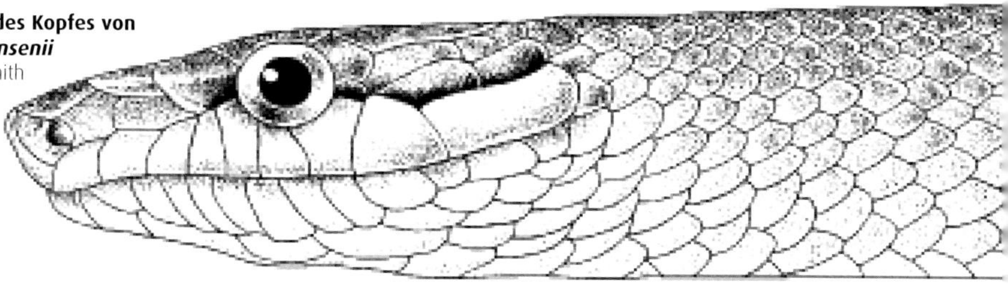

Seitenansicht des Kopfes von *Gonyosoma jansenii*
Zeichnung: T. Smith

Tiere in Sammlungen von Liebhabern, so gut wie keine Lebendabbildungen dieser Art in der Literatur und nur wenige konservierte Exemplare in verschiedenen herpetologischen Einrichtungen. Erst in jüngster Zeit kamen dann immer wieder einzelne Exemplare im Rahmen von Tierimporten in einem bemerkenswert guten Zustand nach Europa und in die USA.

Abgesehen von der Färbung erwachsener Exemplare ähnelt *G. jansenii* in Aussehen und Verhalten auffallend der weitaus bekannteren Art *G. oxycephalum*.

Gonyosoma jansenii ist eine große und kräftige, jedoch aufgrund der Körperproportionen relativ schlank erscheinende Natter. Der längliche Kopf setzt sich etwas vom Hals ab. Der Rumpf ist im Querschnitt deutlich höher als breit. Die Oberlippe ist in der Mitte (unter dem Auge) etwas nach unten gebogen. Gegenüber *G. oxycephalum* wirkt der Kopf von *G. jansenii* etwas breiter und die Schnauze ein wenig kürzer. Der lange Schwanz und die deutlich ausgeprägten Kiele auf den Bauchschuppen deuten eigentlich auf eine eher ausschließlich

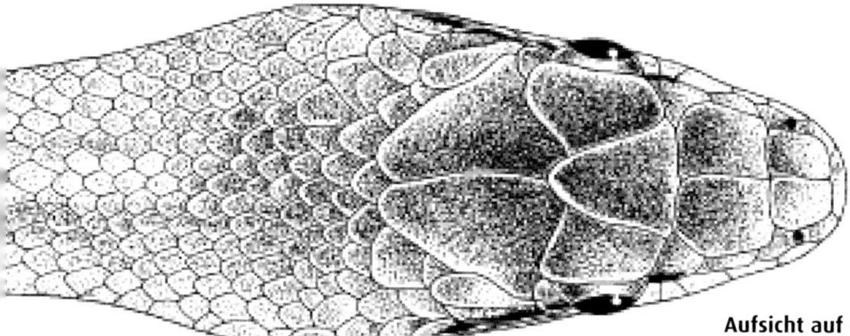

Aufsicht auf den Kopf von *Gonyosoma jansenii*
Zeichnung: T. Smith

arboricole (Büsche und Bäume bewohnende) Lebensweise hin. *G. jansenii* scheint aber eine semi-terrestrische als auch semi-arboricole Lebensweise zu führen. Nach den bisherigen Informationen wird *G. jansenii* durchschnittlich 160–200 cm lang. Die größten nachgewiesenen Exemplare sollen 230 cm knapp überschritten haben.

Die Grundfarbe der Rückenseite ist ein gelbliches Oliv oder ein Beige-Ton. An den Körperseiten verläuft ein schwarzer Streifen, der schmal am Hals beginnt und zur Körpermitte hin immer breiter wird. Das letzte Körperdrittel ist einfarbig schwarz. Die Oberseite des Kopfes ist dunkelgrau bis gelboliv, manchmal mit einem schwarzen Ansatz.

Kopfporträt eines Männchens von *Gonyosoma jansenii* aus Salayar

Gelegentlich kommen Tiere vor, deren Köpfe fast ganz schwarz gefärbt sind. Ein angedeuteter dunkler Streifen verläuft vom Auge zum Mundwinkel. Die Bauchseite ist im vorderen Körperbereich gelblich. Aufgrund der schwarzen Ränder an den Bauchschuppen wird die Färbung im weiteren Verlauf nach hinten immer dunkler. Die Unterseite des Schwanzes ist völlig schwarz. Selten findet man auch Tiere, die fast komplett schwarz sind und nur einen gelblich oliv gefärbten Kopf aufweisen.

Jungtiere unterscheiden sich in der Färbung deutlich von adulten (geschlechtsreifen) Exemplaren. Sie besitzen eine dunkelgrüne Grundfärbung. An den Körperseiten befinden sich dunkle Bänder, die sich aus mehreren schräg angeordneten Streifen zusammensetzen und zum Schwanz hin intensiver werden. Kopf und Hals sind einfarbig olivgrün, die Oberlippenschilde etwas heller abgesetzt. Ein schwarzer Streifen verläuft über die Augen zum Mundwinkel. Die Ventralseite ist im vorderen Körperbereich weiß und wird zum Schwanz hin immer dunkler (grau bis olivfarben).

WUSSTEN SIE SCHON?

Konservierte junge *G. jansenii* sind in der Vergangenheit wegen ihrer im Alkohol blaugrün erscheinenden Färbung oft mit *G. oxycephalum* verwechselt worden. Wahrscheinlich dürfte dies auch der Grund für die Fehlmeldungen von G. oxycephalum aus Sulawesi sein.

Die Beschuppungsmerkmale von *G. jansenii* sind denen von *G. oxycephalum* sehr ähnlich. Einen Unterschied findet man allerdings bei den Oberlippenschilden: Bei *G. jansenii* haben meist drei Schilde mit dem Auge Kontakt, bei *G. oxycephalum* weisen hingegen zumeist zwei Oberlippenschilde Augenkontakt auf.

Tabelle 1.: Beschuppungswerte von *Gonyosoma jansenii* (Werte in Klammern stellen Ausnahmen dar)

Bauchschuppen (Ventralia)	Schuppen auf der Schwanzunterseite (Subcaudalia)	Rückenschuppenreihen (Dorsalia)	Oberlippenschilde (Supralabialia)	Oberlippenschilde mit Augenkontakt
245–257	130–140	23–25	9–10	3 (2)

Weibchen von *Gonyosoma jansenii* aus Sulawesi mit vertikal abgeflachtem Hals in Verteidigungshaltung

Terrarienhaltung und Nachzucht

Vom Wesen her sind Nachzuchttiere von *G. jansenii* zugänglicher als Wildfänge, reagieren jedoch auf grobe Störungen ebenfalls mit Flucht oder heftiger Verteidigung. Im Terrarium hält sich *G. jansenii* sowohl in Verstecken am Boden wie auch in den Kletterästen auf. Normalerweise bevorzugen die Tiere die höchsten Stellen der Äste und ruhen dort zusammengerollt. Insbesondere nach der Nahrungsaufnahme aber begeben sie sich oftmals in ihre Bodenverstecke, um dort zu verdauen. Wenn sich *G. jansenii* unbelästigt und unbehelligt fühlt, ist diese Art ein durchaus ruhiges Terrarientier.

Obwohl sich alle Exemplare deutlich scheuer und bissiger verhalten als die meisten von mir gepflegten *G. oxycephalum*, so zeigten sie sich bezüglich ihrer Nahrung anspruchsloser. *Gonyosoma jansenii* scheint nämlich eindeutig auf Nagetiere fixiert zu sein und akzeptiert sofort Labormäuse als Futter. Demgegenüber lehnten etliche Wildfänge von *G. oxycephalum* über mehrere Monate Mäuse als Beute ab, da sie offenbar auf Vögel spezialisiert waren. *Gonyosoma jansenii* frisst anstandslos auch tote Beutetiere. Einige adulte Exemplare zeigten mitunter eine Präferenz für nestjunge bis halbwüchsige Ratten.

Die Vermehrung von *G. jansenii* gelang mir mehrmals mit einem Zuchtpaar. Zuchtdaten anderer Züchter wurden bislang leider nicht veröffentlicht.

Mein Weibchen setzte Gelege von Januar bis Oktober ab, es gibt also wohl zumindest im Terrarium keine festgelegte Fortpflanzungszeit. Eine Trächtigkeit war ihm in einigen Fällen nicht anzusehen. Die Eier fand ich in Korkröhren oder hinter Torfplatten, und manchmal war das Weibchen noch über ihnen zu-

DER PRAXISTIPP

Insbesondere adulte *G. jansenii* sind mitunter sehr futtergierig. Man sollte aber, wie bei anderen Schlangenarten auch, darauf achten, dass man nicht zu häufig und vor allem nicht zu viel Nahrung pro Fütterung anbietet. Vor allem adulte Weibchen erscheinen bisweilen äußerst gefräßig und nahezu unersättlich zu sein. So besteht nicht nur die Gefahr, dass die Tiere auf Dauer verfetten, sondern auch, dass sie sich bei einer Fütterung regelrecht überfressen und deshalb die Nahrung nach wenigen Tagen erbrechen. Für den Fall, dass eine Schlange die Nahrung wieder auswürgt, muss auf jeden Fall eine drei- bis vierwöchige Futterpause eingelegt werden, damit sich die Darmflora des jeweiligen Tieres regenerieren kann! Tiere, die in kurzen Abständen mehrfach Nahrung auswürgen, sind meist anschließend derart geschwächt, dass sie sogar sterben können. Ich füttere meine Spitzkopfnattern grundsätzlich in Intervallen von 10-14 Tagen. Adulten *G. jansenii* biete ich jeweils 2-3 adulte Futtermäuse oder halbwüchsige Ratten an.

sammengerollt und verteidigte sie vehement. Die Zahl der Eier pro Gelege schwankte von 2–9, meist jedoch wurden 7–8 abgelegt. Sie maßen rund 4,4–5,2 oder 5,7–6,4 cm von Pol zu Pol und etwa 2,7–2,9 cm im Durchmesser. Ihre Schale war extrem fest und in einigen Fällen sehr rau. Die Zeitigung kann in einer verschlossenen Kunststoffbox auf feuchtem, aber nicht nassem Substrat erfolgen, etwa Torf, *Sphagnum*-Moos, Vermiculit oder Schaumstoffschnipseln. Die Box wird anschließend zur Zeitigung der Eier in einen so genannten Inkubator überführt. Ein Inkubator lässt sich schnell und unkompliziert selbst herstellen. Man benötigt dazu lediglich eine beschichtete Holzkiste oder eine große Styroporbox. In das Behältnis wird eine kleine Heizmatte gelegt, die man von außen über ein Thermostat steuert. In den Inkubator werden zum Schluss noch Metallgitterböden eingelegt, auf die man die einzelnen Gelegeboxen einstellt. Wichtig ist, dass man keine Gelegebox direkt auf die Heizmatte stellt, da sonst das Gelege Schaden nehmen kann. Jede Gelegebox sollte darüber hinaus 1–2 5-mm-Bohrungen für den Luftaustausch aufweisen, und zumindest eine Box sollte ein zusätzliches Thermometer für die Kontrolle der Temperatur innerhalb der Boxen enthalten. Die Kontrolle der Substratfeuchte sollte bei jeder Box alle fünf Tage manuell durchgeführt werden. Das gesamte Substrat sollte wahrnehmbar feucht, aber

DER PRAXISTIPP

Führt die Gemeinschaftshaltung nicht zum erhofften Erfolg, so kann eine etwa zweimonatige Trennung bewirken, dass es danach zu erfolgreichen Paarungen kommt.

Terrarienanlage: Die beiden oberen Becken sind mit Kokosmatten als Sichtschutz verhängt und beherbergen *Gonyosoma jansenii* von Sulawesi (links) und Salayar (rechts).

DER PRAXISTIPP

Ich selber verwende überwiegend Torf oder Sphagnum-Moos als Inkubationssubstrat. Bei beiden erhalte ich das richtige Feuchtigkeitsverhältnis, indem sie zunächst gewässert und anschließend mit den Händen mit aller Kraft regelrecht ausgewrungen werden.

weder trocken noch triefnass sein. Bei trockenen Substraten sterben die Embryos auf Dauer ab, und in nassen Substraten besteht die Gefahr, dass die Embryos regelrecht in ihren Eiern ertrinken.

Bei 27–29 °C schlüpften die Jungen mit etwa 45 cm Körperlänge nach 107–146 Tagen, jedoch war die Schlupfquote leider mehrfach nicht so hoch wie erwünscht – viele Jungtiere fand ich völlig entwickelt, aber tot in den Eiern. Eine mögliche Ursache sehe ich in zu festen Eierschalen. Möglicherweise führt eine zu geringe Feuchtigkeit des Substrates während der Inkubation dazu, dass die Eischalen zu stark aushärten und damit für die Jungtiere „undurchdringlich" werden. Die Eischale ist so zäh und dickwandig, dass es mir sogar schwer fiel, sie vorsichtig mit einem Skalpell aufzuschneiden. Möglicherweise empfiehlt es sich daher, die Eier sehr feucht und vor allem völlig mit Substrat bedeckt zu zeitigen.

Schlupf von *Gonyosoma jansenii* aus Sulawesi

Jungtier von *Gonyosoma jansenii* aus Sulawesi während des Farbwechsels

Aufzucht

Die Aufzucht junger *G. jansenii* verläuft weitestgehend unproblematisch. Die Tiere sollten unbedingt in strikter Einzelhaltung aufgezogen werden. Futter ist einmal wöchentlich in Form möglichst kleiner nackter Mäuse anzubieten. Drei Tiere aus dem ersten Gelege nahmen nach der ersten Häutung sofort nestjunge Mäuse an. Zwei Exemplare mussten jedoch fünf Wochen lang zum Fressen animiert werden.

Die Umfärbung der juvenilen Schlangen begann schon nach der dritten Häutung. Zuerst verblasst die grünliche Färbung in olivfarbene und dann in eher beige Töne. Das hintere Körperdrittel wurde zunehmend dunkler und erschien nach einem Jahr völlig schwarz. Nach 18 Monaten war die Umfärbung schließlich annähernd abgeschlossen.

DER PRAXISTIPP

Eine erfolgreiche Methode, fressunwillige Jungtiere zur Nahrungsaufnahme zu bewegen, besteht darin, die Jungschlangen zu „provozieren". Sie werden dazu in ihren Aufzuchtbehältnissen belassen und wiederholt mit toten nestjungen Mäusen „geärgert". Dazu wird eine vorher abgetötete nestjunge Maus mit einer langen Pinzette vorsichtig den kleinen Schlangen an die Kopfseiten geschlagen. Vor lauter Verärgerung beißen diese schließlich zu und lassen die Maus nicht wieder los. Nach einigen Minuten beginnen die Schlangen dann die Beute selbstständig zu verschlingen.

Jungtier von *Gonyosoma jansenii* aus Sulawesi während des Farbwechsels

Probleme bei der Haltung von *Gonyosoma jansenii*

Im Laufe der Jahre habe ich insgesamt zehn adulte (geschlechtsreife) und zwei subadulte (jüngere, noch nicht geschlechtsreife) Wildfänge von *G. jansenii* aus Sulawesi und vier adulte Wildfänge von Salayar erhalten und selber gepflegt. Während eines der adulten Tiere nach kurzer Zeit verstarb, schienen alle weiteren gesund zu sein und konnten zunächst ohne größere Schwierigkeiten im Terrarium gehalten werden. Allerdings gelang mir eine erfolgreiche langfristige Haltung von *G. jansenii* nur mit drei Tieren, nämlich einem Weibchen und zwei Männchen.

Kotuntersuchungen ließ ich während der Quarantänezeit bei allen Wildfängen durchführen. Sie ergaben lediglich den unspektakulären Befund eines Befalls mit Darmnematoden. Die Behandlung erfolgte durch zweimalige orale Gabe von „Panacur“ nach Weisung des Tierarztes.

Bis auf mein Zuchtpaar zeigten alle weiteren Exemplare nach mehrmonatiger Haltung plötzlich Anzeichen einer scheinbaren Erkältung. Die Tiere gaben plötzlich deutlich vernehmbare Atemgeräusche von sich, die mit starker Schleimabsonderung im Respirationsbereich einhergingen. Aufmerksam wurde ich auf die Veränderung der gesundheitlichen Verfassung der Tiere dadurch, dass die Frontscheiben des Terrariums ständig mit Schlieren verschmutzt waren, die von getrockneten Schleimabsonderungen der betroffenen Tiere herrührten. Ich ließ von allen *G. jansenii* Abstriche im Rachenraum durch einen Veterinär durchführen. Der Befund ergab den Befall mit Pentastomiden.

Pentastomiden (auch „Zungenwürmer" genannt) gelten landläufig als eher „exotischer" endoparasitärer Befall und werden leider meist von Veterinären übersehen. Ein starker Pentastomidenbefall äußert sich, wie oben beschrieben, in deutlich vernehmbaren Atemgeräuschen, einhergehend mit starker Schleimabsonderung im Respirationsbereich, und ist in der Symptomatik leicht mit den Anzeichen einer Erkältung zu verwechseln.

Pentastomiden stellen einen äußerst ernst zu nehmenden und gefährlichen parasitären Befall dar und haben durchaus etwas von einem „Super-Gau" für die betroffenen Tiere. Pentastomiden sind von fragiler Struktur, erscheinen durchsichtig milchig und leben als wurmförmige, geringelte Parasiten im Respirationstrakt von Landwirbeltieren. Dort besiedeln sie den respiratorischen Teil der Lunge und der Luftsäcke und wandern gelegentlich bis in die oberen Atemwege. Am vorderen Ende des Körpers tragen Pentastomiden zwei Paare Mundhaken, die zusammen mit der Mundöffnung zum Namen Pen-tastomida (gr. to stóma = der Mund) geführt haben.

Systematisch hat die Einordnung dieser Tiere lange Zeit Probleme bereitet, und selbst heute ist ihre Stellung im zoologischen System nicht abschließend geklärt. Es hat sich aber die Ansicht durchgesetzt, dass sie einen eigenen Tierstamm darstellen.

Die Größe der einzelnen Pentastomidenarten variiert zwischen wenigen Millimetern in kleinen Echsen bis hin zu 14 cm großen Arten, die in Riesenschlangen nachgewiesen wurden. Mir war es mehrfach möglich, Pentasto-

Männchen von *Gonyosoma jansenii* aus Sulawesi

miden im Terrarium aufzusammeln, die anscheinend über die Luftröhre in den Mundraum der Schlange gekrochen waren. Durch ungestümes Hin- und Herschlagen des Kopfes befreien sich die betroffenen Tiere von den unangenehmen Parasiten, indem sie sie regelrecht herausschleudern. Die von mir entdeckten Pentastomiden hatten eine Größe von 4 cm.

Die von den Pentastomiden ausgeschiedenen Eier werden von dem befallenen Tier hinuntergeschluckt und können durch einen Abstrich des Rachenraumes sowie im Kot nachgewiesen werden. Meistens läuft der Entwicklungszyklus über einen oder zwei Zwischenwirte, wie Nager, Insekten oder andere Reptilien, in denen sich die Larven entwickeln, die der Endwirt, ein Fleischfresser, dann mit der Beute aufnimmt. Bei einigen Pentastomidenarten kann es aber auch zu Autoinfektionen (Selbst- oder Rückinfektionen) kommen, sodass ein Tier so-

WUSSTEN SIE SCHON?

Es sind mehrere Umstände, die Pentastomiden so gefährlich machen. Unter anderem lassen sie sich fast nicht medikamentös oder operativ behandeln, die Übertragungswege sind noch immer nicht hinreichend geklärt, und es gibt Pentastomidenarten, die auch für den Menschen sehr gefährlich werden können.

Männchen von *Gonyosoma jansenii* aus Salayar

wohl erwachsene Pentastomiden wie auch Larvenstadien enthalten kann. Durch die blutsaugende Tätigkeit entstehen häufig im Bereich der Lunge bakterielle Sekundärinfektionen bzw. eitrige Lungenentzündungen. Pentastomiden können darüber hinaus durch das Lungengewebe hindurch in die Leibeshöhle eindringen.

Übrigens sind 70 % der Endwirte aller Arten von Pentastomiden Schlangen.

Es gibt zwei unterschiedliche Ansätze, ein befallenes Tier von einem Pentastomidenbefall zu therapieren. Der eine sieht eine durchaus riskante Operation vor, in deren Verlauf die Pentastomiden manuell durch Absammeln aus der Luftröhre und dem Respirationstrakt entfernt werden müssen. Der andere Ansatz ist die Bekämpfung des parasitären Befalls durch eine Medikamentation.

Das Mittel der Wahl zur Bekämpfung von Pentastomiden ist „Ivomec", das vom Tierarzt verordnet werden muss. Obwohl man die Parasiten mit dem Wirkstoff Ivermectin wirkungsvoll bekämpfen kann, sei darauf hingewiesen, dass „Ivomec" nicht von allen Terrarientieren gleich gut vertragen wird und sehr genau zu dosieren ist. Der Grat zwischen einem Therapieerfolg, einer misslungenen Therapie oder dem Verlust eines Tieres durch Überdosierung ist schmal. Letztlich konnte keines meiner befallenen Tiere durch die Behandlung mit „Ivomec“ wirksam geheilt werden. Es stellte sich heraus, dass einige Tiere schon die erste Behandlung nicht überlebten, andere verstarben infolge einer zweiten Medikamentation und des damit verbundenen Stresses. Als mein Zuchtweibchen nach mehrjähriger Haltung im Terrarium frei von jeglicher Symptomatik eines parasitären Befalles mit Pentastomiden verstarb, ergab jedoch eine Obduktion den positiven Nachweis dieses Schädlings.

Pentastomiden stellen bei der Haltung von *Gonyosoma jansenii* ein offenbar häufiges Problem dar.

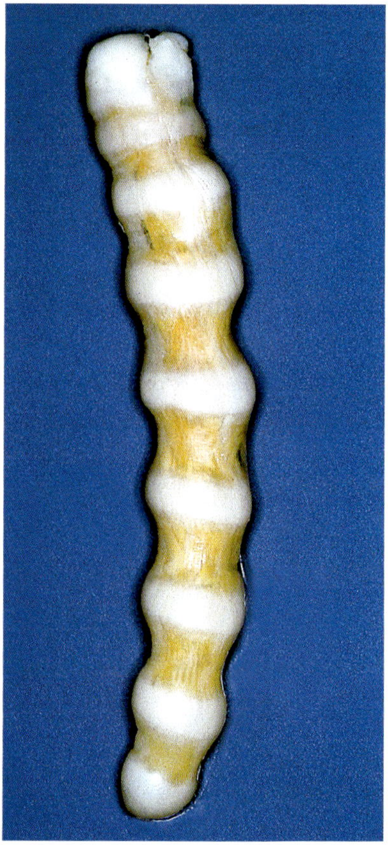

WICHTIG!

Man sollte sich immer das Risiko einer Übertragung von Pentastomiden auf den Menschen vor Augen halten. Beim Umgang mit Spitzkopfnattern der Art *G. jansenii* ist also auf die allgemeinen Hygiene-Richtlinien besonders gewissenhaft zu achten!

Ich habe immer wieder versucht, Halter von *G. jansenii* zu kontaktieren und Informationen über ihre Tiere zusammenzutragen. Fast gleichlautend berichteten mir die Tierhalter, dass ihre Wildfänge anscheinend permanent erkältet seien. Diese Aussagen stimmen nachdenklich, es ist nämlich durchaus möglich, dass viele Bestände von *G. jansenii* in der Natur in einem hohen Maße mit Pentastomiden durchsetzt sind.

RESÜMEE

G. jansenii ist eine durchaus ansehnliche und interessante Schlange, die jedoch auf keinen Fall für Schau- bzw. Wohnraumterrarien zu empfehlen ist. Die sehr scheuen Tiere benötigen unbedingte Ruhe, die bei Anlagen in belebten Räumen natürlich nicht in ausreichendem Maße gewährleistet ist. Das feuchtwarme und geräumige Terrarium sollte genügend Versteckmöglichkeiten aufweisen. Beachtet man diese Regeln und besteht die Möglichkeit, Nachzuchten oder Wildfänge ohne Pentastomidenbefall zu erwerben, dann ist diese interessante Art relativ problemlos zu pflegen und sollte sich regelmäßig nachzüchten lassen.

Gonyosoma oxycephalum - Verbreitung und Ökologie

DIE Spitzkopfnatter *G. oxycephalum* ist eine in Südostasien weit verbreitete Art. Die bisher bekannten nördlichsten Fundpunkte befinden sich im äußersten Norden Thailands in der Nähe des als „Goldenen Dreiecks" bekannten Grenzgebietes zu Myanmar und Laos. Die südlichsten Nachweise wurden auf den indonesischen Sunda-Inseln geführt. Im Westen erstreckt sich das Verbreitungsgebiet von den zu Indien gehörenden Andamanen und Nicobaren bis in den Osten auf die Philippinen nach Luzon und Dinagat. Nach bisherigem Wissen kommt *G. oxycephalum* vor in Indien (Andamanen, Nicobaren), Indonesien (Bangka, Billiton, Borneo, Java, Karimata, Legundi, Lombok, Mentawai-Archipel, Natuna-Archipel, Nias, Panaitan, Riau-Archipel, Sebuku, Sumatra, Tambelan-Archipel), Kambodscha, Laos, West- und Ostmalaysia (Sabah und vorgelagerte Inseln [Gaya, Labuan, Tiga], Sarawak,), Myanmar, Singapur, Thailand und Vietnam.

WUSSTEN SIE SCHON?

Gonyosoma oxycephalum kann überraschend schnell sein, und es wird berichtet, dass die Tiere in der Lage seien, vorüberfliegende Vögel oder Fledermäuse zu ergreifen.

Gonysoma oxycephalum lebt fast ausschließlich auf Bäumen und Sträuchern (arboricol) und bewohnt das tropische Tief- und Hügelland. Die derzeit bekannte Vertikalverbreitung reicht von Meereshöhe bis in eine Höhe von ca. 750 m ü. NN. Aufenthaltsorte von *G. oxycephalum* sind Bäume und Sträucher im primären und sekundären Regenwald. Die bevorzugten Habitate befinden sich in der Randvegetation entlang von Teich- und Flussufern oder Mangrovensümpfen, aber es wurden auch schon Exemplare weit entfernt von Gewässern gefunden, selbst in Kautschukplantagen oder Gärten.

Gonyosoma oxycephalum bewegt sich nur selten auf dem Boden fort, sogar die Paarung wird im Strauchwerk und in Bäumen vollzogen. Es wurden auch schon Exemplare zusammengerollt ruhend bis in eine Höhe von 10 m im Geäst von Bäumen beobachtet. Ich fand

Seitenansicht des Kopfes von
Gonyosoma oxycephala
Zeichnung: T. Smith

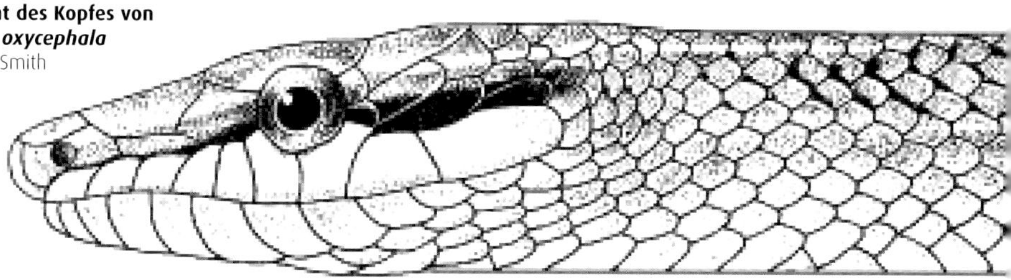

aber in Malaysia und in Thailand wiederholt überfahrene Exemplare von *G. oxycephalum* auf Landstraßen, die wahrscheinlich aufgrund kurz vorher niedergegangener heftiger Monsunregenfälle den Boden aufgesucht hatten. *Gonyosoma oxycephalum* ist eine überwiegend tagaktive Art.

Wird diese Spitzkopfnatter behelligt, bläht sie ihren Vorderkörper vertikal auf und nimmt zur Verteidigung eine S-Stellung ein. Tiere, die derart gereizt sind, beißen sofort kräftig zu, sobald sich ein potenzieller Angreifer in ihrer Reichweite befindet.

Im Terrarium kann man immer wieder beobachten, wie *G. oxycephalum* eigentümlich horizontal mit dem Kopf pendelt. Ebenfalls auffällig ist auch das Züngeln dieser Art. Die Zungenspitzen werden extrem seitlich gespreizt, und die ganze Zunge bewegt sich dann zeitlupenartig in einem Bogen über der Schnauzenspitze auf und ab. Die Art scheint sich in der Natur je nach Herkunft und Monsunzeit mehrmals im Jahr fortzupflanzen.

Über das natürliche Beutespektrum ist bekannt, dass Mäuse und Ratten, Hörnchen, Fledermäuse, Vögel und Echsen gefressen werden.

Aufsicht auf den Kopf von
Gonyosoma oxycephala
Zeichnung: T. Smith

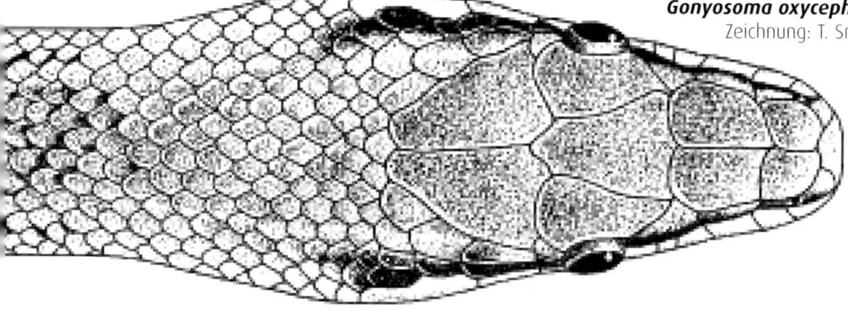

Beschreibung

Gonyosoma oxycephalum ist eine große, kräftige Natter, deren Körper dennoch relativ schlank erscheint und der sichtbar höher als breit ist. Der Kopf ist deutlich vom Hals abgesetzt und hat eine lange und zugespitzte Schnauze. Diese ist ungefähr dreimal so lang wie der Augendurchmesser und ein wenig nach oben, die Maulspalte in der Mitte etwas nach unten gebogen. Der Schwanz ist sehr lang und läuft dünn aus. Die Ventralkiele (Kiele an den Bauchschuppen) sind sehr deutlich ausgeprägt. Das Auge der Spitzkopfnatter ist groß und hat zumeist eine grüne oder grünlich gelbe bis graue Iris.

Gonyosoma oxycephalum erreicht eine durchschnittliche Gesamtlänge von 160–190 cm, kann aber im Einzelfall auch bis zu 240 cm erreichen. Die Art kommt in ihrem Verbreitungsgebiet in mehreren Farbvarietäten vor. Die typische Farbphase ist meist hell-, gelb- oder dunkelgrün. Die Lippenschilde dieser Farbvarietät sind ebenfalls grün oder gelb (bei indonesischen Exemplaren) abgesetzt. Die Zwischenhaut weist dunkle und helle Bereiche auf, die sehr schön in einem netzartigen Muster zur Geltung kommen, wenn *G. oxycephalum* droht und das erste Drittel des Vorderkörpers vertikal aufbläht. Die Farbe des Schwanzes ist in der Regel Orangebraun, Gelbbraun oder Grau und hebt sich kontrastreich vom Körper ab. Bei indonesischen Tieren scheint eine graue Färbung des Schwanzes zu überwiegen. Bisweilen zeigen einige Exemplare heller oder auch dunkler gefärbte Kopfoberseiten. Durch die Augen verläuft ein dunkler Streifen bis zum Mundwinkel. Die Bauchseite ist in der Regel grün gefärbt, bei indonesischen Exemplaren bisweilen auch gelb. Die Ventralkiele sind zumeist hell abgesetzt. Die Zunge von *G. oxycephalum* ist auffällig blauschwarz.

Tabelle 2.:
Beschuppungswerte von *Gonyosoma oxycephalum* (Werte in Klammern stellen Ausnahmen dar)

Bauchschuppen (Ventralia)	Schuppen auf der Schwanzunterseite (Subcaudalia)	Rückenschuppenreihen (Dorsalia)	Oberlippenschilde (Supralabialia)	Oberlippenschilde mit Augenkontakt
230–263	120–157	23–27	9–11(8)	2 (3)

Kopfporträt eines adulten Weibchens von *Gonyosoma oxycephala* aus dem Khao Yai National Park, Provinz Nakhon Ratchasima, Zentral-Thailand

Farbvarietäten

Vereinzelt wurden in Thailand und auf den Philippinen *G. oxycephalum* mit fast gelber Körperfärbung nachgewiesen. Über den Handel gelangten im Rahmen von Indonesien-Importen Tiere aus Java nach Europa, die eine unglaubliche Vielfalt in der Körperfärbung zeigten. So sind von den so genannten Java-Morphen graue, gelblich graue, grau-braune und lachsfarbene Tiere bekannt. Einige Exemplare dieser Farbvarietäten sind hinsichtlich der Kopf- und Körperfärbung uniform, andere Exemplare wiederum deutlich abweichend gefärbt. So zeigen viele Exemplare der grauen Farbvarietät deutlich ausgeprägte Kopf-Rumpf-Farbkontraste. Das heißt, dass bei einigen Tieren die Köpfe im Gegensatz zu den vorwiegend grau oder braun gefärbten Körpern herrlich grün, gelb oder unregelmäßig alternierend gelb und grün gefärbt sind. Interessanterweise

Semiadulte Gruppe von *Gonyosoma oxycephala* aus dem Khao Yai National Park, Provinz Nakhon Ratchasima, Zentral-Thailand zeigen einige Exemplare z. T. auch auf dem Körper völlig willkürlich verteilte und unterschiedlich große gelbe oder grüne Flecken. Bei manchen davon können darüber hinaus einzelne Rückenschuppen in ihrem Zentrum gelb getönt sein. Der Schwanz ist in der Regel in der gleichen Farbe wie der Rumpf gefärbt. Die Lippenschilde sind häufig gelb abgesetzt.

Ebenfalls über den Tierhandel kamen Exemplare aus Indonesien zu uns, die graubraun oder bräunlich grün gefärbt waren und zusammen mit typisch grün gefärbten Tieren importiert wurden. Die genaue Herkunft dieser Schlangen ist nicht bekannt. Allerdings gaben indonesische Exporteure die Herkunft dieser Tiere ebenfalls mit Java an. Einige dieser Farbphasen ähneln sehr der orangebraunen Morphe von *G. oxycephalum*, die früher als eigene Art bzw. Unterart *(Elaphe floweri* oder *E. oxycephala floweri)* angesehen wurde. Diese Varietät ist im Gegensatz zu den anderen Tieren völlig orangebraun, einschließlich des Schwanzes.

Die Lippenschilde sind heller abgesetzt, und einzelne Körperschuppen haben dunkle Konturen. Die Bauchseite kann einfarbig gelb, weiß oder sogar mit dunklen Flecken besetzt sein. Von dieser Varietät wurden bisher nur Einzelexemplare in Populationen mit typisch grün gefärbten Tieren gefunden. Sichere Belege stammen aus Thailand und Malaysia sowie von den indonesischen Inseln Nias and Borneo. Manchmal treten unter den grün gefärbten Tieren auch Exemplare auf, die einzelne blaue Flecken aufweisen. Solche blauen Flecken lassen sich oftmals auf ausgeheilte Verletzungen des Schuppenkleides zurückführen. Jungtiere gleichen weitgehend den adulten Schlangen, sind jedoch meist etwas dunkler in der Färbung.

Bei den zuvor genannten Varietäten (braune und graue Phase) fällt auf, dass die Färbung des Rumpfes der Schwanzfarbe typisch grün gefärbter Tiere entspricht. Das bedeutet, dass in Populationen überwiegend grüner *G. oxycephalum* mit orangebraun gefärbten Schwänzen auch Exemplare vorkommen können, die in ihrer gesamten Färbung orangebraun sind. Besonders in Indonesien haben typisch grüne Tiere dagegen häufig eine graue Schwanzfärbung, deshalb kommen in solchen Populationen auch Exemplare vor, die einheitlich oder nur partiell am Rumpf grau gefärbt sind.

Terrarienhaltung und Nachzucht

Mittlerweile hat sich *G. oxycephalum* als feste Größe in der Terraristik etabliert. So nimmt es nicht wunder, dass über die Pflege und Nachzucht der schönen Spitzkopfnatter bereits vielfach in der Literatur berichtet wurde.

Sie benötigt aufgrund ihrer Größe and arboricolen Lebensweise ein geräumiges und hohes Terrarium mit verzweigten Kletterästen. Die Temperatur sollte am Tag 25–29 °C betragen und in der Nacht um einige Grad herabgesetzt werden. Eine Luftfeuchtigkeit zwischen 80 und 90 % ist empfehlenswert für diese tropische Art. Überdies ist ein tägliches Sprühen mit heißem Wasser wichtig, denn die Schlangen trinken relativ viel, und oft wird das Trinkwasser nur in Form von Tropfen aufgenommen. Einige Tiere nehmen das Wasser sogar direkt vom Wasserstrahl aus der Sprühflasche auf. Dass aus einer am Boden befindlichen Wasserschale getrunken wurde, konnte hingegen nur selten beobachtet werden.

Als ausgesprochene Baumschlange bevorzugt *G. oxycephalum* meist die höchsten Stellen im Terrarium, wo sie in typisch zusammengerollter Positur ruht. Die Hauptaktivitätszeit fällt in

Semiadultes Exemplar von *Gonyosoma oxycephala* aus dem Khao Yai National Park, Provinz Nakhon Ratchasima, Zentral-Thailand

die Morgen- und frühen Abendstunden. Nach dem Sprühen zeigen die Schlangen oft einen auffälligen Bewegungsdrang.

DER PRAXISTIPP

Viele Schlangenpfleger fragen regelmäßig nach dem Sinn oder Unsinn der zusätzlichen Gabe von Mineralstoffen oder Vitaminen. Dies ist tatsächlich ein sehr sensibles Thema, zu dem ich hier den folgenden Tipp gebe: Bei allen Arten, die Futtermäuse fressen, erübrigt sich die Zufütterung von Zusatzstoffen, sofern die Futtermäuse ihrerseits nicht mangelernährt wurden (z. B. durch die alleinige Fütterung mit alten Brötchen/Brot). Mäuse, die mit speziellem Hochleistungs- oder Erhaltungszuchtfutter aufgezogen wurden, sind an sich bereits vitaminisiert, da alle großen Spezialfuttermittelanbieter (z. B. „Sniff“ oder „Höveler“) ihre Futterpellets zusätzlich mit Vitaminen anreichern. Eine weitere, darüber hinaus gehende Anreicherung der Futtertiere mit Vitaminen ist nicht nur überflüssig, sondern aus veterinärmedizinischer Sicht sogar für die Gesundheit der jeweiligen Terrarientiere auf Dauer gefährlich für deren Gesundheit (Gefahr der Hypervitaminose).

Wildfänge sind zuweilen etwas nervös and neigen zu Nahrungsverweigerung oder sind nur auf Vögel als Nahrung fixiert. Andere fressen dagegen problemlos tote und lebende Mäuse sowie junge Ratten.

DER PRAXISTIPP

Mindestens genau so wichtig wie die Frage nach der Herkunft der zu pflegenden Terrarientiere sollte auch die Frage nach der Herkunft der verwendeten Futtertiere sein. Man sollte sich möglichst den „Stall" anschauen, in dem die Futtertiere gezüchtet wurden. Momentan wird der Markt mit Futtertieren osteuropäischer Provenienz überschwemmt. „Ost-Mäuse" sind in der Regel nicht nur mangelernährt, sondern stammten auch aus Massenzuchten, die bisweilen bedenkliche und durchaus gefährliche Resistenzen gegen Antibiotika aufweisen.

Inkubator (Mitte) und hygienische Plastikcontainer für die Aufzucht von Jungschlangen

Tiere der grauen Farbphase aus Java nehmen in der Regel Mäuse als Nahrung an und zeigen zudem eine deutliche Tendenz zur terrestrischen (Boden bewohnenden) Lebensweise. Die bereits zur Fütterungshäufigkeit und Futtermenge bei *G. jansenii* gemachten Angaben können auf *G. oxycephalum* übertragen werden.

Im Terrarium pflanzt sich *G. oxycephalum* mehrmals im Jahr fort. Die 5–8, selten bis zu 12 länglichen Eier werden gerne in eine am Boden aufgestellte Kiste mit feuchtem Substrat (Moos oder Torf) abgelegt.

DER PRAXISTIPP

Ich habe die Erfahrung gemacht, dass Tiere der grauen Farbphase aus Java zunächst mit der Pinzette angebotene Mäuse verweigerten. Als ich ihnen jedoch die Mäuse in hohem Bogen zuwarf, fingen sie die Futtertiere aus der Luft und fraßen sie anschließend anstandslos auf. Nachdem ich die Tiere drei- bis viermal durch Zuwerfen der Nahrung gefüttert hatte, nahmen sie schließlich auch Mäuse von der Pinzette an.

Geöffneter Inkubator. In den oberen drei Inkubationsbehältnissen dienen Schaumstoffschnipsel, in den unteren beiden Inkubationsbehältnissen dient Spaghnum-Moos als Brutsubstrat.

waren. Dies lässt vermuten, dass die Spitzkopfnatter auch in der Natur Gelege in Baumhöhlen absetzt. Meine Zuchtweibchen setzten über viele Jahre regelmäßig bis zu drei Gelege pro Jahr ab. Bei einer Inkubationstemperatur von 26–30 °C schlüpfen die Jungtiere nach durchschnittlich 95–125 Tagen.

Frisch geschlüpfte Spitzkopfnattern weisen eine Gesamtlänge von 40–55 cm auf.

Ebenfalls konnten schon Eiablagen in Blumentöpfen oder Korkröhren beobachtet werden, die in die Kletteräste des Terrariums eingefügt

DER PRAXISTIPP

Die Eier von *G. oxycephalum* haben eine relativ dicke Schale. Daher ist es ratsam, sie nicht zu zu trocken zu inkubieren, um ein Ausdörren der Schale zu verhindern.

Aufzucht

Gonyosoma oxycephalum sollte unbedingt in strikter Einzelhaltung aufgezogen werden. Die Aufzucht der Jungtiere mit neugeborenen Mäusen ist nicht immer einfach. Einige Tiere akzeptieren diese sofort, andere verweigern jedoch die selbstständige Nahrungsaufnahme völlig. Man sollte jedoch auf Zwangsfütterungen verzichten, da zwangsgefütterte Tiere gegen-

DER PRAXISTIPP

Junge *G. oxycephalum* sind aggressiv, und so kann man sich mit einem kleinen Trick behelfen, sie zum Fressen zu bewegen. Dazu wird die Schlange so in die Hand genommen, dass ca. die letzte Körperhälfte von den Fingern fixiert wird. Die vordere Körperhälfte der Schlange lassen wir locker nach unten hängen. Mit einer Futterpinzette wird der Natter eine nestjunge abgetötete Maus ein paar Mal vorsichtig an die Kopfseiten geschlagen. Da junge *G. oxycephalum* nach allem beißen, was sich bewegt, werden sie schnell die Futtermäuse packen. Alles, was jetzt noch nötig ist, ist ein wenig Geduld. Es kann manchmal bis zu zehn Minuten dauern, bis die Nahrung verschlungen ist. In dieser Zeit sollte man sich weder bewegen, noch die Schlangen zurück in das Terrarium setzen, da beides dazu führen kann, dass die Schlangen ihre Beute wieder loslassen.

über selbstständig fressenden Artgenossen in der Entwicklung deutlich zurückstehen. Überdies stellt die Zwangsfütterung einen gewaltsamen und traumatischen Eingriff dar, den viele Tiere aufgrund des erlittenen Stresses nicht überleben. Juvenile *G. oxycephalum* wachsen bei entsprechender Fütte-

Kopfporträt eines Jungtieres von *Gonyosoma oxycephala* aus dem Khao Yai National Park, Provinz Nakhon Ratchasima, Zentral-Thailand

rung schnell heran. Pro Fütterung kann man ihnen 1–2 nicht zu große nestjunge Mäuse anbieten. Gefüttert werden sollte in wöchentlichem oder zehntägigem Rhythmus. In der Literatur wurde bereits berichtet, dass zwei juvenile *G. oxycephalum* im ersten Monat insgesamt acht, im zweiten Monat 36 und im dritten Lebensmonat 30 nestjunge Mäuse fraßen. Bei guter Fütterung können die Schlangen nach einem Jahr bereits eine Länge von 100–140 cm erreichen.

Zur

RESÜMEE

Gonyosoma oxycephalum ist ein etabliertes Terrarientier, das in allen Farbvarietäten prächtig anzusehen ist und interessante Verhaltensweisen im Terrarium zeigt. Man sollte allerdings versuchen, einige der zahlreichen Nachzuchten zu erwerben und vom Kauf von Wildfängen Abstand nehmen. Allerdings sei hier auch erwähnt, dass bislang lediglich die grüne Farbvarietät von *G. oxycephalum* regelmäßig nachgezogen wird. Insbesondere über die Nachzucht der schönen indonesischen Farbmorphen wurde noch nicht berichtet.

Jungtier von *Gonyosoma oxycephala* von den Andamanen, Indien

Weitere Informationen

ZUR Vertiefung der in diesem Buch gegebenen Informationen und zum tieferen Einblick in terraristische und herpetologische Themenbereiche empfehlen sich die Mitgliedschaft in einem Verein gleichgesinnter Terrarianer sowie ein intensives Literaturstudium. Die folgenden Auflistungen sollen dabei behilflich sein, einen Einstieg in die Thematik zu finden, können aber natürlich nur einen kleinen Ausschnitt aufzeigen.

Untersuchungsstellen

Kotproben, Sektionen und andere Untersuchungen können von spezialisierten Tierärzten oder von veterinärmedizinischen Untersuchungsstellen, die es in vielen Städten gibt, vorgenommen werden. Eine Liste mit reptilienkundigen Tierärzten kann über die DGHT bezogen werden (oder im Internet unter www. dght.de). Überregional bekannt für Untersuchungen sind folgende Einrichtungen:

- Exomed, Am Tierpark 64, 10319 Berlin
- Universität München, Institut für Zoologie, Fischereibiologie und Fischkrankheiten der tierärztlichen Fakultät, Kaulbachstr. 37, 80539 München
- Justus-von-Liebig-Universität Gießen, Institut für Geflügelkrankheiten, Frankfurter Str. 87, 35392 Gießen
- GEVO Diagnostik, Jakobstr. 65, 70794 Filderstadt

Vereine und Interessengruppen

Die Deutsche Gesellschaft für Herpetologie und Terrarienkunde (DGHT; www.dght.de; DGHT e.V. Postfach 1421, 53351 Rheinbach Tel.: 02225-703333, E-Mail:gs@ dght.de) ist mit über 8000 Mitgliedern die weltweit größte Gesellschaft ihrer Art und bringt Wissenschaftler und Hobbyherpetologen zusammen. Mitglieder erhalten vierteljährlich mindestens drei verschiedene herpetologisch/terraristische Zeitschriften.

Innerhalb der DGHT existiert die AG Schlangen, die sich auch mit Spitzkopfnattern beschäftigt. Sie veranstaltet jährliche Fachtagungen. Kontakt über die Geschäftsstelle der DGHT, Im Mittelfeld 27, 63075 Offenbach, Tel.: 069-86777266.

Zeitschriften

- REPTILIA Terraristik-Fachmagazin, erscheint sechsmal jährlich (Natur und Tier - Verlag GmbH, An der Kleinmannbrücke 39/41, 48157 Münster, Tel.: 0251-133390, E-Mail: verlag@ms-verlag.de, www.ms-verlag.de)

- DRACO - Terraristik-Themenheft, erscheint viermal jährlich (Natur und Tier - Verlag GmbH, s. o.)

- Sauria - Terraristik und Herpetologie, erscheint viermal jährlich (Terrariengemeinschaft Berlin e. V., Barbara Buhle, Planetenstr. 45, 12057 Berlin, Tel.: 030-6847140; www.sauria.de; E-mail: abo@sauria.de)

- herpetofauna, Zeitschrift für Amphibien- und Reptilienkunde, erscheint sechsmal jährlich (herpetofauna Verlags-GmbH; Hans-Peter Fuchs, Römerstrasse 21, 71384 Weinstadt; Tel. 07151-600677; www.herpetofauna.de; E-Mail: info@herpetofauna.de)

- DATZ – Die Aquarien- und Terrarien-Zeitschrift, erscheint monatlich (Verlag Eugen Ulmer, Wollgrasweg 41, 70599 Stuttgart, Fax: 0711-4507120, www.datz.de)

Danksagung

AN dieser Stelle möchte ich mich ganz herzlich beim Natur und Tier - Verlag, Münster, für die Unterstützung bei der Vorbereitung und Realisierung dieses Buches aus der Reihe „Art für Art" bedanken. Insbesondere seien hier deshalb die Herren Matthias Schmidt, Münster, Heiko Werning, Berlin, und Kriton Kunz, Speyer, dankend erwähnt. Bei Heiko Werning, Kriton Kunz und meiner Frau Inken Gumprecht, Köln, möchte ich mich ebenfalls für das Korrekturlesen des Manuskriptes bedanken.

Ein herzliches Dankeschön geht auch an Herrn Klaus-Dieter Schulz, Alsdorf, und den Verlag Bushmaster Publications, Berg, Schweiz, für die freundliche Überlassung von Digital-Images, sowie an Trevor Smith, Greasby, England, für Zeichnungen und letztlich an Sameer Ghodke, Pune, Indien, für Bildmaterial.

Kopfporträt eines adulten Weibchens der braunen Farbform von *Gonyosoma oxycephala* aus Java, Indonesien

Weiterführende und verwendete Literatur

A. Buchempfehlungen

HENKEL, F.-W. & W. SCHMIDT (2003): Terrarien – Bau und Einrichtung. – Ulmer, Stuttgart, 168 S.

KÖHLER, G. (1996): Krankheiten der Amphibien und Reptilien. – Ulmer, Stuttgart, 168 S.

KÖHLER, G. (1997): Inkubation von Reptilieneiern. – Herpeton, Offenbach, 206 S.

MÜLLER, M. J. (1996): Handbuch ausgewählter Klimastationen der Erde – Trier (Gerold Richter, Universität Trier), 5. ergänzte und verbesserte Aufl., 400 S.

NIETZKE, G. & P.M. KORNACKER (2002): Die Terrarientiere Band 3: Krokodile und Schlangen – Ulmer, Stuttgart, 374 S.

RAUH, J. (2000): Grundlagen der Reptilienhaltung – Natur und Tier - Verlag, Münster, 216 S.

SCHULZ, K.-D. (1996): Eine Monographie der Schlangengattung *Elaphe* Fitzinger. –

Bushmaster Publications, Berg, 460 S.

ULBER, T., W. GROSSMAN, J. BEUTELSCHIESS & C. BEUTELSCHIESS (1989): Terraristisch/Herpetologisches Fachwörterbuch. – Terrariengemeinschaft Berlin e.V., Berlin, 176 S.

WERNING, H. (2004): Wasseragamen und Segelechsen. – Natur und Tier - Verlag, Münster, 128 S.

WILMS, T. (2004): Terrarieneinrichtung. – Natur und Tier - Verlag, Münster, 128 S.

B. Empfohlene Artikel zum Thema

BROER, W. (1978): Rotschwanznatter *Goniosoma oxycephala,* ihre Pflege und Zucht. – Das Aquarium (104): 79–81.

BROER, W. (1981): Über die erfolgreiche Nachzucht einer F_2-Generation der Rotschwanznatter *Gonyosoma oxycephala* (BOIE, 1827) (Reptilia: Serpentes: Colubridae). – Salamandra 17(1/2): 86–87.

BRYANT, C. J. (1982): The Red-Tailed Racer, *Goniosoma* (*Elaphe*) *oxycephala*. – Herptile 7(3): 33–34.

KLYNSTRA, F. B. (1959): Élevage et reproduction en captivité de *Gonyosoma oxycephalum* BOIE. – Cobra 4(18/19): 9–12.

MÜLLER, H. W. (1991): *Gonyosoma oxycephala* (BOIE). – SAURIA (Suppl.) 13(1/4): 197–200.

RIEL, C. A. P. van (1978): Élevage et reproduction en captivité de *Gonyosoma oxycephalum* BOIE. – Cobra 4(18/19): 9–12.

RIEL, C. A. P. van (1991): Voortplanting in het terrarium van de Roodstaartslang (*Gonyosoma oxycephalum*). – Lacerta 50 (1): 39–42.

SCHULZ, K.-D. & A. GUMPRECHT (1999): Zur Kenntnis, Pflege und Zucht einer wenig bekannten Natter aus Indonesien, *G. janseni* BLEEKER, 1858 – Sauria 21(3): 27–32.

SCHULZ, K.-D. & V. N. SCHEIDT (1992): An introduction to the Indonesian Rat Snakes of the genus *Elaphe*. – Vivarium 4(2): 13–17.

C. Weiterführende Artikel zum Thema

BLEEKER, P. (1858): *Gonyosoma jansenii* Blkr., eene nieuwe slang van Manado. – Nat. Tijdschr. Nederl. Indie 16: 242.

BOIE, F. (1827): Bemerkungen über Merrem´s Versuch eines Systems der Amphibien, 1-ste Lieferung: Ophidier – Isis von Oken 20(6): 508–566.

BOSCH, H. A. J. IN DEN (1985): Snakes of Sulawesi: Checklist, key and additional biographical remarks. – Zool. Verh. Mus. Nat. Hist. Leiden (217): 1–50.

HAAS, C. P. J. DE (1950): Checklist of the snakes of the Indo-Australian Archipelago (Reptilia, Ophidia). – Treubia 20: 511–625.

HELFENBERGER, N. (2001): Phylogenetic Relationships of Old World Ratsnakes Based on Visceral Organ Topography, Osteology, and Allozyme Variation – Russian Jour. Herpet. 8 (Supplement): 1–62

KOPSTEIN, F. (1936): Herpetologische Notizen 12–15. Ein Beitrag zur Herpetofauna von Celebes. – Treubia 15(3): 255–266.

ROOIJ, N. DE (1917): The reptiles of the Indo-Australian Archipelago. 2. Ophidia. – E. J. Brill: 1–331.

UTIGER, U., N. HELFENBERGER, B. SCHÄTTI, C. SCHMIDT, M. RUF & V. ZISWILER (2002): Molecular Systematics and Phylogeny of Old World and New World Ratsnakes, *Elaphe* Auct., and related Genera (Reptilia, Squamata, Colubridae) – Russian Jour. Herpet 9(2): 105–124.

5,80 € • (A 6,– €) • 11,20 sfr • H 42140
Nr. 45, Februar/März 2004, Jahrgang 9(1)
REPTILIA
TERRARISTIK - FACHMAGAZIN
Maurische Landschildkröten
Schwertschwanz-Anolis
Texasklapperschlange
GESUNDHEIT BEI TERRARIENTIEREN